Nuestra Declaración de Derechos

Compartir y reu

Mitchell Allen

COMPUTACIÓN CIENTÍFICA EN EL MUNDO REAL™

Rosen Classroom™

Publicado en 2018 por The Rosen Publishing Group, Inc. 29 East 21st Street, New York, NY 10010

Autor: Mitchell Allen
Traductor: Alberto Jiménez
Directora editorial, español: Nathalie Beullens-Maoui
Editora, español: María Cristina Brusca
Editora, inglés: Caitie McAneney
Diseño del libro: Jennifer Ryder-Talbot

Todas las ilustraciones por Contentra Technologies

Library of Congress Cataloging-in-Publication Data

Names: Allen, Mitchell.
Title: Nuestra Declaración de Derechos: Compartir y reutilizar / Mitchell Allen.
Description: New York: Rosen Classroom, 2018. | Series: Niños digitales: Superdotados con pensamiento computacional / Computación científica en el mundo real | Includes glossary and index.
Identifiers: LCCN ISBN 9781538359266 (pbk.) | ISBN 9781538328880 (library bound) | ISBN 9781538359273 (6-pack) | ISBN 9781538357736 (ebook)
Subjects: LCSH: United States. Constitution. 1st-10th Amendments--Juvenile literature. | Civil rights--United States--History--Juvenile literature. | Constitutional history--United States--Juvenile literature.
Classification: LCC KF4749.A44 2018 | DDC 342.7308'5--dc23

Créditos fotográficos: Cubierta, sharpner/Shutterstock.com; p. 4 /Wikimedia Commons; p. 4, 20 (gavel icon) T-Kot/Shutterstock.com; p. 7 (James Madison) AISAEverett/ Shutterstock.com; p. 7 Pamela Au/Shutterstock.com; p. 7, 12 (pen and ink icon) ArsenLuben/Shutterstock.com; p. 8 /Wikimedia Commons; p. 8, 16 (newspaper icon) AVIcon/Shutterstock.com; p. 11 wavebreakmedia/Shutterstock.com; p. 11, 15, 19 (megaphone icon) GN ILLUSTRATOR/Shutterstock.com; p. 12 ESB Professional/ Shutterstock.com; p. 15 Dragon Images/Shutterstock.com; p. 16 Twin Design/ Shutterstock.com; p. 19 Rob Marmion/Shutterstock.com; p. 20 gpointstudio/ Shutterstock.com.

Fabricado en Estados Unidos de América

Información de cumplimiento CPSIA Lote #WS18RC: Si desea más información póngase en contacto con Rosen Publishing, New York, New York, teléf. 1-800-237-9932

Contenido

Esta pintura muestra la firma de la Constitución de Estados Unidos en 1787.

La Constitución de Estados Unidos

La Constitución de Estados Unidos es el **documento** que mantiene unida la nación desde hace más de 200 años. En él se resume la estructura del Gobierno y se reconocen derechos básicos para los ciudadanos.

Divide el Gobierno en tres ramas. Una elabora leyes, otra las aplica y la última decide si son **constitucionales**. La Constitución también **declara** qué poderes corresponden al Gobierno federal y cuáles a los gobiernos estatales. ¿Cómo se creó este documento? ¿Cómo podemos reutilizar alguna de sus partes en nuestra vida cotidiana?

Crear la Constitución

A los líderes de EE. UU. les costó mucho tiempo y energía escribir la Constitución. La Convención Constitucional consistió en una serie de reuniones entre los líderes del Gobierno para rehacer el viejo documento reinante, llamado Artículos de la Confederación.

Los miembros de la Convención Constitucional tuvieron que reutilizar el conocimiento contenido en los Artículos de la Confederación. ¿Qué funcionaba? ¿Qué estaba mal? Se reunieron desde mayo a septiembre de 1787. Después, transcurrieron dos años hasta que la Constitución de EE. UU. se convirtió en ley. Finalmente, la Declaración de Derechos pasó a formar parte de la Constitución.

James Madison escribió
la Declaración de Derechos.

Esta es la Declaración de Derechos original; se convirtió en parte de la Constitución de Estados Unidos en 1791.

¿Qué es la Declaración de Derechos?

La Declaración de Derechos no se añadió hasta 1791. James Madison escribió esta parte de la Constitución para prometer **libertades** básicas a todos los ciudadanos.

Las primeras diez enmiendas, o cambios, a la Constitución de Estados Unidos conforman la Declaración de Derechos. Hoy, la Constitución contiene 27 enmiendas. La Declaración de Derechos establecía los derechos y normas que no se podían arrebatar a los ciudadanos. Esta parte se aplica más directamente a la vida cotidiana. Se usa a menudo para garantizar que los estadounidenses reciban un trato justo.

Reutilizar derechos y normas

¿Hay derechos y normas en tu salón de clase? ¿Y en casa o en los deportes? Se establecen siempre que sea necesario actuar de acuerdo con unas normas y defender los derechos básicos.

Reutilizar el conocimiento es uno de los mejores métodos de realizar una tarea. Escribir la Constitución de Estados Unidos costó mucho esfuerzo. Podemos reutilizar los derechos y reglas que se han creado en otras circunstancias. Eso ahorra tiempo y energía. Muchas de sus enmiendas son aplicables a la vida cotidiana.

En muchas ocasiones es necesario defender los propios derechos.

En clase, se puede sugerir una norma de **tolerancia** para cualquier religión o cultura.

Libertad de religión

La Declaración de Derechos se sirve de la primera enmienda para **proteger** cinco libertades básicas. Esta enmienda influye en nuestras vidas a diario.

La primera libertad que menciona es la de religión. Algunos países controlan la religión de su gente. Sin embargo, los ciudadanos estadounidenses tienen derecho a profesar cualquier religión, y pueden practicarla como les parezca bien. Podemos reutilizar esta enmienda para hacer una norma personal consistente en ser tolerantes con todas las religiones y **culturas**. Además, podemos defender el derecho a tener nuestras propias creencias.

Libertad de expresión

La segunda libertad protegida es la de expresión. Los ciudadanos estadounidenses pueden hablar libremente. Podemos mostrar nuestro desacuerdo y dar nuestra opinión sin tener problemas. No obstante, lo que digamos debe ser veraz y justo.

¿Tenemos ideas y opiniones sobre cierto tema? Quizá tengamos un equipo de fútbol favorito o una comida preferida. Podemos decir lo que pensamos, pero debemos ser respetuosos con las personas que no opinan igual.

Sugiere una norma para la familia: todos pueden decir lo que piensan, pero siendo respetuosos.

¿Tienes un periódico escolar? Puedes defender tu derecho a exponer hechos veraces y a expresar tus creencias.

Libertad de prensa

La prensa incluye periódicos, televisión y otras **fuentes** de noticias e información. La prensa es crucial, porque comparte información con los ciudadanos. Los periodistas tienen derecho a decir lo que piensan del Gobierno sin sufrir represalias. Sin embargo, si mienten a propósito, serán castigados.

Esta libertad es fundamental, porque significa que los escritores y los reporteros tienen libertad de contar los hechos, y que el Gobierno no puede ordenarles qué deben escribir. Siempre que vemos o leemos noticias, nos beneficiamos de la libertad de prensa.

Reunión y petición

La primera enmienda también protege la libertad de reunión y la de petición. La libertad de reunión significa que los ciudadanos pueden unirse a cualquier **partido político**, club o grupo que deseen. Estos grupos pueden incluso **protestar** contra una medida del Gobierno.

La libertad de petición significa que los ciudadanos pueden decirle al Gobierno lo que quieran. Pueden quejarse de sus actos y pedir que se haga algo. Gracias a esta enmienda, podemos unirnos a clubes o grupos y decir si algo debería cambiarse.

Puedes pedirle a tu escuela que sea más energética con los actos de intimidación.

Respecto a los castigos de tu clase, puedes sugerir normas para un juicio justo.

Derecho a un juicio justo

Varias enmiendas de la Declaración de Derechos tienen relación con el juicio y el castigo justos. Un juicio se lleva a cabo cuando alguien hace algo mal. En el juicio se decide si una persona cometió o no cometió un delito. Tenemos derecho a un juicio justo donde se decida si hemos infringido la ley. El Gobierno debe seguir ciertos procedimientos antes de encarcelar a una persona y no puede castigar a nadie de forma **cruel**.

Si alguien hace algo mal en la escuela o en casa, tiene derecho a un interrogatorio y un castigo justos. Prueba a reutilizar la frase: "Soy inocente hasta que se demuestre lo contrario".

Reutilizar conocimientos

Imagina que tu clase tiene que inventar una serie de reglas y derechos. No es necesario que empiecen de cero. Ya conocen la Declaración de Derechos y la Constitución. Las leyes de este documento llevan siglos siendo **efectivas**, así que deben funcionar.

¿Cómo pueden reutilizar y compartir lo que saben sobre la Declaración de Derechos para hacer las reglas de la clase? Piensen en las situaciones que viven a diario y que podrían mejorar si aplican sus conocimientos. ¡Hagan una tormenta de ideas para reutilizar este documento histórico!

Glosario

constitucional: Leal y ajustado a las leyes de la Constitución.

cruel: Que causa un sufrimiento injusto.

cultura: Creencias y formas de vida de un grupo.

declarar: Expresar algo de manera formal.

documento: Escrito en que constan hechos.

efectivo: Que produce el resultado deseado.

fuente: Algo o alguien que proporciona información.

libertad: Poder de realizar lo que se desea; estado de ser libre.

partido político: Grupo organizado con el fin de dirigir las reglas de un gobierno.

proteger: Mantener a salvo.

protestar: Expresar la oposición a alguien o a algo.

tolerancia: Respeto a las ideas, creencias y prácticas ajenas.

Índice